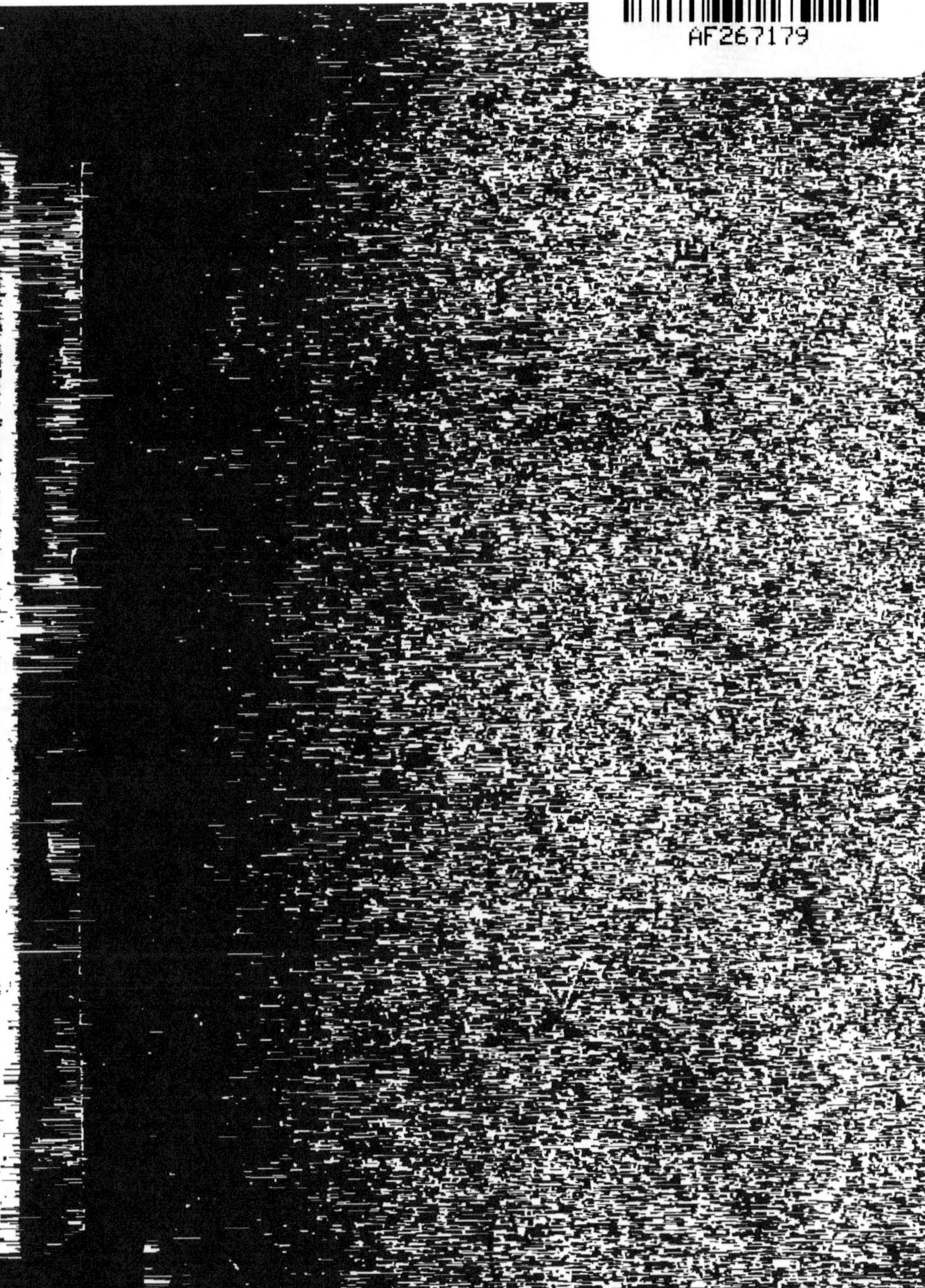

LA
DÉVOTE CHAPELLE
DE BIRAN

Par J. J. MONLEZUN, Chanoine d'Auch

ET ANCIEN CURÉ DE BARRAN

Se vend VINGT Centimes

ET AU PROFIT DE LA CHAPELLE,

A AUCH,

CHEZ J. A. PORTES, IMPRIMEUR-LIBRAIRE.

—

1854

Auch, Imp. de J.-A. Portes.

LA
DÉVOTE CHAPELLE
DE BIRAN.

CHAPITRE Ier.

Chapelle de Biran. — Origine de sa fondation selon une tradition très ancienne.

La Dévote Chapelle de Biran (1) s'élève sur le bord d'un mamelon étroit, à l'extrémité du village dont elle a pris le nom et à quelques pas d'un ancien château féodal maintenant détruit et de sa vieille tour écimée. De hautes collines l'encaissent à peu près de toutes parts. La vue s'échappe à peine, à travers une légère trouée, vers la plaine fertile qu'arrose la Baïse. C'est un site unique peut-être dans le département du Gers, et sans le village, tout, autour de la Chapelle, serait ombre, silence, recueillement.

L'édifice actuel ne compte pas encore deux cents ans d'existence. Il avait été précédé au moins d'un autre. Mais à quelle époque remontait le premier ? Nous ne saurions le dire. Seulement une tradition très ancienne en attribue la fondation à un fait miraculeux.

D'après cette tradition, une fille pieuse du village aperçut, durant la nuit, une lumière briller sur un grand arbre, voisin de sa maison. Étonnée du prodige, elle courut en informer le curé de la paroisse, qui vint bientôt, suivi de quelques personnes. Non seulement tous virent la lumière, mais quand ils furent plus près, ils discernèrent sur le tronc de l'arbre une petite statue de Marie, portant à son cou une croix de pierres blanches. A cette vue, le bon curé se prosterne, prie quelque temps, et à l'aide d'une échelle, il va prendre respectueusement l'image que le ciel lui envoie, et la porte à l'autre extrémité du village dans l'église de St-Martin, alors paroissiale et maintenant en ruines.

Toutefois, la nuit suivante, l'arbre laisse encore rayonner à travers son épais feuillage une vive lumière, et le lendemain matin on retrouve la statue sur le tronc qu'elle s'était choisi. En vain on l'enlève de nouveau : le prodige se renouvelle chaque fois. On jugea alors, non sans raison, que la Très-Sainte Vierge voulait être honorée dans ce lieu, et on résolut d'y ériger une Chapelle. Tous les habitants de Biran se prêtèrent à cette œuvre, la pieuse fille surtout. Elle quêta dans les environs, et, grâce aux aumônes qu'elle recueillit et aux libéralités des habitants, la Chapelle fut promptement bâtie. La statue y reposa dans une niche construite avec le bois de l'arbre qui avait été abattu pour faire place au nouveau sanctuaire. On y accourut des paroisses éloignées. Le nombre des pèlerins fut d'abord considérable ; mais, soit par l'effet de l'inconstance humaine, soit plutôt par suite des guerres du protestantisme qui nâquirent bientôt après et désolèrent la Province, la dévotion à Notre-Dame de Biran s'affaiblit.

Ainsi le raconte une tradition conservée depuis un temps immémorial dans les plus anciennes familles de Biran. Ce qui du moins paraît certain, c'est que déjà, sous Mgr Léonard de Trappes, et en particulier dès 1616, c sanctuaire était souvent visité. Enfin, ce qui es incontestable, c'est que sous Mgr de Lamothe-Houdancourt, le même qui a élevé les deux grosses tours de Ste-Marie d'Auch, il existait déjà à la même place *une Chapelle en forme de grotte*, disent les monuments de l'époque (*a*), c'est-à-dire vraisemblablement petite, étroite et voûtée, et que déjà on y accourait pour y prier la Sainte Vierge. Un événement vint augmenter ce concours.

(*a*) Pièce signée de la main même de Mgr de Lamothe-Houdancourt. Tous les mots ainsi en caractères italiques ou renfermés entre des guillemets sont copiés sur des documents authentiques gardés dans les archives de la Chapelle de Biran. Nous avons conservé l'orthographe et quelquefois jusqu'aux incorrections de style de ces documents.

CHAPITRE II.

Erection de la Chapelle actuelle. — Sa description.
— Inauguration d'une statue nouvelle apportée d'Espagne.

Bernard Cornac, un habitant de Biran, était
allé s'établir à Saragosse, en Espagne, avec
Philippe de Lapein ou Lespins, sa femme.
Dans une visite que les deux époux firent à
leurs parents, ils apportèrent une image de
Notre-Dame *del Pilar* (2), si vénérée et si célèbre parmi les populations voisines des Pyrénées,
et en firent présent à leurs concitoyens. Cette
statue en bois doré représentait la Sainte Vierge,
le cou paré d'un collier d'émeraudes, adossée
à un pilier et portant l'Enfant-Jésus. Celui-ci,
d'une main, retenait le manteau de sa mère, et
de l'autre, pressait un Saint-Esprit en forme
de colombe, qui s'appuyait sur ses genoux.
Jacques Savoyé, curé de la paroisse, prêtre
pieu et zélé, jugea l'occasion favorable pour
obtenir qu'on rebâtit la Chapelle qu'il voulait
agrandir. Il stimula la dévotion de ses paroissiens et sollicita les aumônes du dehors. Ses
efforts réussirent. Une Chapelle plus grande et
plus belle s'éleva sur les ruines de la première.
Dans cette réédification, la voûte disparut.
L'architecture de cette époque la supprimait
facilement et la remplaçait par un lambris,
presque toujours, au moins dans les Chapelles

de la Vierge de nos campagnes, peint en bleu et parsemé d'étoiles blanches. En revanche, on décora l'autel de sculptures et on l'orna de statues. Les unes et les autres ont été parfaitement conservées.

Les statues sont en pierre et au nombre de quatre. Près du mur latéral, du côté de l'Évangile, Moïse est caractérisé par les tables de la loi qui reposent dans ses mains et par les deux cornes de gloire qui illuminent son front. Un peu plus loin, une Sainte et de l'autre côté un Saint, qu'à leurs vêtements on reconnaît pour appartenir à la nation juive, et qui, très vraisemblablement, ne sont autres que Sainte Anne et Saint Joachim, la Mère et le Père de la Sainte Vierge, veillent aux deux coins du tabernacle. Enfin, contre le mur latéral du côté de l'Épître, Aaron, revêtu de l'éphod, tient l'encensoir, symbole de son sacerdoce.

Les sujets des sculptures sont empruntés à la Passion du Sauveur. Les âmes pieuses aimaient alors surtout à honorer Marie sur le Calvaire. On la représentait tantôt soutenant sur ses genoux le corps inanimé de son divin Fils et on la nommait Notre-Dame-de-Pitié, et tantôt seule, ou bien au pied de la Croix, mais le sein percé de sept glaives, et on l'appelait Notre-Dame-des-Sept-Douleurs. On lui dédia sous ces deux vocables un autel dans la Métropole d'Auch et dans toutes les églises collégiales du diocèse. On conçoit parfaitement cette prédilection du grand siècle. Nous ne connaissons point de dévotion plus belle, plus féconde et mieux assortie à nos croyances. C'était associer le culte du Fils à celui de la Mère, et mettre sous les yeux des fidèles ce que le dogme chrétien a de plus touchant et de plus propre à impressionner les cœurs.

Entre les quatre statues et contre le mur auquel l'autel est adossé, on aperçoit deux grands panneaux. Celui du côté de l'Évangile représente la descente de la Croix et se compose de cinq personnages. Joseph d'Arimathie et Nicodème soutiennent le Sauveur détaché de la croix. Madeleine embrasse ses genoux, et la Sainte Vierge, prosternée, et les mains jointes, contemple, les yeux inondés de pleurs, le corps inanimé de son Fils. Le panneau, du côté de l'Épître, nous montre Jésus au tombeau ; il a un personnage de plus que le précédent. Le Sauveur est à moitié couché sur la pierre du sépulcre, encore soutenu par Nicodème et par Joseph d'Arimathie. Contre la tête de Jésus, sa divine Mère, abîmée dans sa douleur, soulève une paupière défaillante et sans regard. Enfin, près d'elle, Madeleine et Saint Jean compatissent à sa désolation et la partagent. Au-dessus de ces panneaux et sur les rétables, apparaissent Saint Joseph, le chaste Époux d'une Vierge-Mère, et Saint Jean-Baptiste, le céleste précurseur. Ils sont caractérisés, le premier, par le lys, et le second, par l'agneau paschal.

Au milieu de l'autel, dans une grande et belle niche, encadrée d'une guirlande, sur un roc simulant le Calvaire, les regards vont chercher une Notre-Dame-de-Pitié de grandeur naturelle, tenant sur ses genoux son Fils expiré. Plus haut encore et presqu'au faîte, comme pour consoler l'âme attristée par toutes ces scènes et montrer la récompense à côté des vertus, on voit le couronnement de la Sainte Vierge. Le Père éternel à droite et le Fils à gauche soutiennent une couronne sur la tête de la Mère, jadis si cruellement éprouvée. Au-dessus, plane le Saint-Esprit, sous l'emblème d'une colombe. Tout ce travail est en pierre comme les statues et d'une assez bonne exécution.

Le tabernacle date de la même époque que les sculptures. Il est construit en forme de tour et accompagné de deux panneaux, dont l'un figure le couronnement d'épines et l'autre la flagellation. Une Vierge, aux traits espagnols, tenant un Jésus, aux traits plus espagnols encore et adossée à un tronçon de pilier, le surmonte et préside ainsi à la Chapelle. C'est la Notre-Dame *del Pilar*. Des Anges nombreux, semés sur les panneaux, au pied et aux flancs du tabernacle, font cortège à la Reine du ciel. Tout cela est en bois doré et présente à l'œil cet aspect grand et noble, mais un peu sévère, que l'on remarque sur la plupart des œuvres du 17ᵉ siècle.

Quand ces divers travaux furent terminés.

M. Savoyé se transporta, le 3 juillet 1663, au château de Mazères, où Mgr de Lamothe-Houdancourt résidait alors et où le prélat mourut le 24 février 1684. Il portait une supplique signée des consuls et des notables de sa paroisse, et il demanda en leur nom et au sien que la statue de Notre-Dame *del Pilar* fût inaugurée solennellement dans la nouvelle Chapelle. L'archevêque accueillit la demande et régla lui-même le dispositif de la cérémonie. Il statua en même temps que le curé de Biran serait à l'avenir le *chapelain né et chargé en chef de toute l'administration* (3) *et clefs et dépendances de la Chapelle*, sans qu'il fût obligé de rendre ses comptes qu'à l'archevêque ou à ses délégués. Les prescriptions de Mgr de Lamothe-Houdancourt furent observées religieusement, et quoique le temps semblât manquer pour organiser une brillante fête, deux jours après, un dimanche, la statue, venue d'Espagne, qu'on avait déposée jusque là dans l'église de St-Martin, fut portée, au milieu d'une immense multitude de fidèles, dans le sanctuaire qui lui était destiné et placée au-dessus de l'autel, parmi les chants de joie et les bénédictions publiques. C'est celle qui couronne le tabernacle. Le pays d'où elle a été apportée explique l'expression du visage de la Mère et du Fils.

Le nouvel édifice, quoiqu'agrandi, parut bientôt insuffisant. Il fallut l'augmenter encore. Les dons affluèrent. Un document (4) authentique, car les dernières lignes en sont écrites de la main même de Mgr de Lamothe-Houdancourt, nous apprend que *beaucoup de bienfaits y étaient accordés et continuaient toujours, et que ces bienfaits s'élevaient à des sommes de grande valeur.* Mais M. Savoyé inclinait rapidement vers la tombe. Il ordonna des nouveaux travaux, et pendant qu'ils s'exécutaient, ses infirmités s'aggravèrent. Instruit de son état, Mgr de Lamothe-Houdancourt nomma l'abbé Daubas pour administrer les revenus de la Chapelle, et chargea l'abbé d'Arparens de surveiller les constructions (5). Celui-ci pressa les travailleurs, et tout fut terminé vers la fin de l'an 1675, ou dans les premiers mois de l'année suivante (6). M. Savoyé venait alors de mourir, et il était remplacé par Jean-Jacques Drouillet, ancien vicaire de Saint-Orens d'Auch, qui éprouva de grandes et longues difficultés pour faire reconnaître ses droits, et ne resta paisible possesseur de la cure qu'en 1685.

Pendant ces démêlés, on perça la muraille du midi, et on y adossa deux petites Chapelles dédiées, l'une à Saint Joseph et l'autre à Sainte Anne. Celle-ci ne fut bâtie qu'en 1698, sous l'administration de M. Dominique Daubas qui avait succédé depuis six ans à M. Drouillet. L'autre Chapelle existait déjà, et comme la première statue avait cédé la place d'honneur à l'Image de Notre-Dame *del Pilar*, on la retira du lieu où elle avait été reléguée, et on la transporta (7) avec sa niche sur l'autel de Saint Joseph. Du reste, ni l'une ni l'autre de ces deux statues ne donnèrent leur nom à la Chapelle de Biran. Elle est désignée dans tous les documents officiels sous le titre de *Notre-Dame-de-Pitié*.

CHAPITRE III.

Concours des Fidèles à la Chapelle de Biran.

La reconstruction et l'agrandissement de l'édifice, et surtout l'inauguration de la statue apportée d'Espagne donnèrent un nouveau relief à la Chapelle de Biran. Son nom s'étendit au loin. Deux ou trois monuments irréfragables nous l'attestent. En 1675, M. l'abbé d'Aignan du Sendat, vicaire-général de Mgr de Lamothe-Houdancourt, voulant régler les quêtes (8) qui se faisaient dans le diocèse en faveur des divers sanctuaires de Marie, s'exprime ainsi dans le préambule de son ordonnance. « Dieu ayant choisi dans ce diocèse les Chapelles de Garaison, de Cahusac et de Biran pour le culte de sa Très Sainte Mère, afin que dans l'ordre spirituel de sa providence, tous les diocésains ayant la facilité de rendre leurs vœux en l'un ou l'autre de ces saints lieux, il n'y en ait pas un qui ne prenne part à la distribution des grâces extraordinaires qu'il plaît à Dieu d'y répandre par les intercessions de cette Mère de miséricorde, c'est juste que le voisinage de chacun de ces lieux de dévotion lui soit dévoué et aide à son entretien par les offrandes de ses commodités temporelles, sans qu'il en soit diverti par les questeurs des autres chapelles ». Après ce préambule viennent les articles de cette ordonnance, quifut donnée àAuch, le 13 septembre 1675.

Dans ce document, le sanctuaire de Biran est mis à côté des sanctuaires de Garaison et de Cahusac, alors les deux plus renommés du diocèse. Le document suivant est encore plus explicite. Trois ans après avoir rendu l'ordonnance que nous venons de rappeler, le même vicaire-général érigea à Biran une confrérie qui, jusqu'en 1793, compta dans son sein presque tous les chefs de famille de la paroisse, et le motif qu'on invoqua auprès de lui pour cette érection, c'est, nous citons le texte, « la grande dévotion qui, depuis dix ans, fait de tels progrès, qu'ayant plù à Dieu de l'authoriser par les grâces miraculeuses qu'il a plù à sa miséricorde d'y opérer par l'intercession de la Très Sainte Vierge, le concours des fidèles pèlerins de notre diocèse et des autres voisins y est grand et si considérable, que la Chapelle est l'une des plus célèbres de notre Diocèse ».

Ce concours et cette dévotion ne s'affaiblirent pas avec les années : car nous lisons que sous Mgr de Montillet, M. l'abbé Bousquet, qui remplaça dans la cure de Biran M. Daubas, ayant représenté à son archevêque que « des prêtres en nombre venaient journellement dire la messe dans la Chapelle », le prélat statua, le 1er février 1745, que tous ceux qui y offriraient le Saint-Sacrifice, y laisseraient un sou pour subvenir à l'entretien du *béni Sanctuaire*.

Ces témoignages émanent de l'autorité ecclésiastique. Les titres qui les renferment sont signés et portent le sceau de l'archevêché. Ainsi ils ne sauraient laisser le moindre doute dans l'esprit. Mais s'ils nous prouvent que la joie et la tristesse, la reconnaissance et l'amour tournaient leurs regards vers la Chapelle de Biran et aimaient à y porter leurs prières, leurs vœux ou leurs actions de grâce, il est un autre témoignage qui le prouve peut-être mieux encore.

CHAPITRE IV.

Processions votives à la Chapelle de Biran.

Les pèlerinages dont nous venons de parler étaient des pèlerinages isolés. Chaque fidèle venait à la dévote Chapelle, en son nom, ou au nom de quelque parent ou de quelque ami. Il n'exprimait que ses sentiments ou les sentiments de ceux qui l'envoyaient. Un concours, bien autrement solennel, c'est celui des processions qui s'y rendaient tous les ans, d'une distance assez éloignée.

Les capucins de Vic donnèrent l'exemple. Nous ignorons quelle cause provoqua leur procession. Nous savons seulement que sur leur passage, ces Pères, singulièrement aimés du peuple et surtout du peuple de la campagne, dont leur institut les rapprochait, entraînaient sous leurs bannières ou après eux une multitude immense de fidèles. Nous sommes mieux renseignés sur les processions de Barran et de Montesquiou.

Une affreuse épidémie sévissait à Barran. L'art, appelé pour la combattre, avait dû avouer son impuissance. Chaque jour voyait s'ouvrir de nouvelles tombes. Dans cette extrémité, les pénitents du lieu, c'est-à-dire à peu près tous les pères de famille et tous les notables dont le corps des pénitents se composait alors (9), firent vœu d'aller tous les ans, le lendemain de la Pentecôte, en procession à la miraculeuse Chapelle. Les porte-enseignes et les officiers de la compagnie devaient faire le pèlerinage à pied et communier à la messe qui serait dite par leur prieur, et durant laquelle seraient offertes à la Vierge quelques livres de cire.

La mortalité s'arrêta dès que le vœu eut été formulé. Aussi fut-il religieusement rempli jusqu'en 1792. Dans une de ces processions, un pénitent tomba mort, frappé d'une apoplexie foudroyante, comme on entrait dans la Chapelle. On l'enterra sous le porche. Depuis lors, arrivée près de la place où gisait un ancien confrère, la compagnie stationnait un moment pour chanter un *De profundis*. Quand après une longue interruption, les processions ont recommencé, soit que la tradition de ce fait se fût perdue, soit pour toute autre cause, cette pratique n'a pas été reprise, et elle n'est plus observée.

La procession de Montesquiou fut occasionnée par une catastrophe dont cette paroisse fut le théâtre et la victime. Le 7 juillet 1712, jour à jamais déplorable, un affreux orage fondit sur la ville et sur toute la commune. Le vent arrachait les arbres et enlevait la toiture des maisons. La grêle emporta la récolte; la pluie, plus désastreuse peut-être encore, dénuda les terres et avaria ce qui avait échappé à la grêle et au vent. Jamais, dit le document qui nous a conservé ce souvenir, jamais tempête pareille n'avait été vue. Il est vrai qu'il en est dit de même de tout sinistre un peu grave. Les yeux se laissent plus impressionner que la mémoire. Toutefois, ici les expressions ne paraissent pas trop exagérées. Du moins la misère fut ensuite extrême. Pour pouvoir ensemencer les terres et même pour alimenter les plus nécessiteux, il fallut recourir à un emprunt qu'on repoussa d'abord, tant les conditions en étaient onéreuses, quoiqu'il fût négocié sous les yeux et presque sous les auspices de l'intendant de la généralité d'Auch (10).

En même temps on chercha à apaiser le ciel. La communauté se réunit sous la halle, lieu ordinaire des assemblées publiques. Outre les quatre consuls, Martin Estibaud, Bertrand Dubourg, Jean Grousselle et Jean Abeilhé, le curé Corréges et ses deux vicaires Barris et Sentetz, on y vit Jean Dubin, procureur juridictionnel, Giélis de Bières, noble Matthieu de Jussan de Bières, Jean Bordes sieur du Haget, sieur Auguste du Haget, capitaine de cuirassiers, Jean Barris, ancien procureur fiscal, Pierre Lacave, ancien procureur juridictionnel, Jean de Pardeilhan, sieur de Laplaigne, Alexis Barris, avocat en parlement, Cousso-Gardey, bachelier en théologie, Jean Cabrol, Jean Agut-Lasserre, Théodore Julian, Dominique Liabro, Frix Campuzan, Alexandre Liesta, bourgeois; Jacques Barris, notaire, Jean Faubeau, d^r médecin, Jean Rozis, Pierre Ortholan, m^{es} chirurgiens; noble Alexandre de Laplaigne, Jean Cousso, Pierre Cousso-Gardey, bourgeois; Jeannet Rozis, Clément Dupuy, Jean-Bernard Liesta, Jean Fourmigué, Paul Bourrayne, Jean Lahille, Samson Duprat, Barthélemi Dutilh, Jacques Rouquezau, Guillaume St-Vignes, Bertrand Narbonne, Raymond Lahille, Antony Bonnet, Bernard Abeilhé, Arnauld Mimalé, Jean Mothe, Ambrosy Beth, Antoine Laclaverie, propriétaires; Arnauld Bétous, Pierre Bétous, Andrieux Bétous, bientenants, Matthieu Abadie, march^d, Jean Lahille, m^e tailleur, Bernard Liesta, ancien sergeur, Jean Bessaignet, cordonnier, Jacques Barris, Pierre Caubet, forgerons; Frix Faudoas, artisan, Arnauld Thénet, sonneur de cloches, Bernard Lapèze, Pierre Thanazac, Vin-

4

cent Saucède, Antoine Abadie, Guillaume Arqué, Jean Laffargue, Raymond Larbonne, Dommenge Lavenère, Jacques Nodenot, Bertranon Dupuy, Jean Blousson, Jean Payssé, Dominique Beaudé, Dominique Liesta, Bernard Mastron, Dominique Durbas, Bernard Durrieu, Dominique Debats, laboureurs; François Beaudé, cordonnier, et autres, faisant la plus grande et saine partie de la Communauté.

Tous les cœurs étaient animés des mêmes sentiments. Aussi il fut arrêté d'une voix unanime que désormais, le dimanche le plus rapproché du 7 juin, il se ferait chaque année, après vêpres, une procession solennelle autour de la ville et du faubourg, et que chaque année encore, le lendemain de la Pentecôte, on enverrait en offrande à la Chapelle de Biran trois livres de cire et qu'on y ferait dire une messe par un des prêtres de Montesquiou; mais que tous les sept ans, au lieu d'envoyer simplement la cire, on l'y porterait en procession et *avec le plus de pompe et de concours possible.* Le vœu formulé sous la halle fut réitéré dans l'église du haut de la chaire, et jusqu'en 1793, les habitants se montrèrent constamment fidèles à leur engagement.

L'orage, qui dévasta Montesquiou, avait été précédé cinq jours auparavant d'un orage presque semblable. Celui-ci ravagea les paroisses limitrophes de Biran, mais il respecta Biran et tout son territoire. Les habitants reconnurent sans peine la main qui avait détourné loin d'eux la tempête et d'un mouvement spontané, l'année suivante, à pareil jour, ils allèrent processionnellement de l'église paroissiale à la Chapelle pour y remercier leur divine protectrice. La même cérémonie eut lieu et toujours spontanément en 1714. Les cœurs n'oubliaient pas le bienfait; toutefois, vers la fin de janvier 1715, on voulut régulariser cet élan de la reconnaissance et surtout le perpétuer. La Communauté se réunit le 25 janvier, et sur la proposition du premier consul Jean-Louis Lagardère, elle arrêta que désormais il serait toujours célébré le 2 juillet une procession des plus solennelles, où les consuls assisteraient en livrée ; que dans cette procession on ferait d'abord une station à la croix pour y chanter le *Vexilla regis* ; qu'après ce chant, on entonnerait les Litanies de la Vierge qu'on irait achever à la Chapelle. Enfin, que là on chanterait une grand-messe pour laquelle les consuls offriraient au nom de toute la Communauté douze livres de cire. Parmi ceux qui signèrent l'acte de cette délibération, nous trouvons, outre le consul, Jean Lamothe, *docteur ès droits*, Jean-François Drouillet, Alexis Coustau, Jacques Cousso, Joseph, Pierre et Guillaume Mothe, Jean Mothe Hillon, Jean Lespeins, Guillaume et Jean Bruils, François Mauret et Guillaume Molinéry.

Les paroisses d'Ordan et de Saint-Jean-de-Bazillac et l'annexe d'Embats se rendaient aussi en procession à la Chapelle de Biran le même jour que Montesquiou. Leur pèlerinage paraît remonter à la même époque et avoir eu la même origine. Du moins il avait aussi pour but de placer sous la protection de Marie les fruits de la terre, si menacés par les orages dans cette saison. Les renseignements que nous avons pu recueillir, nous apprennent que le jour de cette procession était un jour de fête et de joie pour les deux localités, qu'on commençait à s'en entretenir et à s'y préparer plus d'un mois à l'avance, que les jeunes gens se disputaient l'honneur de porter la croix paroissiale, et que pour ne blesser aucune prétention, il fallait, d'ordinaire, mettre cet honneur à l'encan : enfin, que le nombre des personnes, qui faisaient leur communion à la pieuse Chapelle, était chaque année très considérable. Les vieillards parlent encore des moines qui conduisaient ou accompagnaient la procession d'Embats, mais ils ne désignent pas l'ordre auquel ces moines appartenaient. En l'absence de tout document, nous pensons que c'étaient les capucins ou plutôt les cordeliers d'Auch. Ceux-ci possédaient dans Embats la métairie de Ferris.

CHAPITRE V.

Indulgences accordées aux Pèlerins qui visitaient la Chapelle de Biran.

Instruits du grand nombre des pèlerins qui visitaient la Chapelle de Biran, et de la dévotion qu'avait toute la contrée pour la Vierge qu'on y vénérait, les archevêques d'Auch et les Souverains Pontifes voulurent encourager ce pèlerinage et accroître cette dévotion en accordant aux pèlerins diverses faveurs spirituelles. Mais malheureusement les rescrits de Rome ont disparu au milieu du bouleversement qu'amena vers la fin du dernier siècle le triomphe momentané de l'impiété, et de toutes les concessions de nos prélats il ne s'en est retrouvé qu'une, dûe à Mgr de Montillet. Elle est d'autant plus précieuse qu'elle rappelle, trop vaguement, il est vrai, les concessions des papes.

Le prieur et les marguilliers de la Chapelle avaient exposé à leur premier pasteur que « pour entretenir la piété des fidèles et leur faire gagner les indulgences accordées par les souverains-pontifes, et dernièrement par notre saint-père le pape Clément XII, en 1733, on avait toujours permis depuis l'érection de ladite Chapelle d'y exposer le Très-Saint Sacrement et de donner ensuite la bénédiction aux fêtes de Saint Joseph, de Sainte Anne, de la Compassion, de l'Annonciation, de l'Assomption et de la Nativité de la Vierge, et même d'y faire la procession dans la nef à ces deux dernières solennités. » Ils demandaient que l'archevêque renouvelât ces permissions, ce qui fut fait le 13 mars 1743. Mgr de la Croix d'Azolette, à qui cette même supplique vient d'être représentée, a imité son illustre prédécesseur, et au bas de l'acte signé par Mgr de Montillet, il a ajouté de sa main : nous confirmons en tant que de besoin les privilèges accordés ci-dessus à la Chapelle de Biran. Auch, le 13 février 1854 (11).

CHAPITRE VI.

Grâces obtenues par l'intercession de Notre-Dame de Biran.

On avait recueilli une partie des *grâces miraculeuses que Dieu s'était plu* à accorder par l'intercession de notre-Dame de Biran. Elles étaient consignées dans un vieux cahier intitulé : les Merveilles de la dévote Chapelle de Notre-Dame de Biran. Mais ce cahier s'est égaré durant la révolution de 1793 avec la plupart des autres titres et n'a pas été retrouvé jusqu'ici. Un autre monument, moins explicite, il est vrai, mais aussi plus significatif aux yeux de la multitude, eût pu le remplacer. Sur l'autel et autour du sanctuaire étaient appendus de nombreux ex-voto apportés par la reconnaissance. D'autres étaient gardés dans les trésors de la Chapelle. Ces ex-voto ont presque tous disparu quand disparut le cahier. Quelques-uns même avaient été enlevés auparavant.

En 1750, M. le curé Bousquet voulut changer les vases sacrés de la Chapelle, qui ne lui paraissaient pas répondre à la dignité d'un lieu aussi célèbre. Il prit parmi les ex-voto onze cœurs d'or ou d'argent, les joignit à un vieux calice et à un reliquaire offerts l'un et l'autre par les fidèles aussi bien que les cœurs, et envoya le tout à un orfèvre de Toulouse. Il y ajouta peu de jours après deux autres cœurs, une poitrine, un pouce, une petite figure et une croix à reliques. Tous ces objets étaient d'argent. Il eut ainsi un beau calice, sur lequel on grava les initiales de son nom.

Deux ans après, il voulut assortir l'ostensoir au calice, et pour y parvenir il envoya au même orfèvre l'ostensoir ancien avec les ex-voto suivants : quatre petites croix, deux yeux, un nez, une rate, un petit chapeau, une dent, une médaille et treize bagues. L'ostensoir fut digne du calice : mais si la Chapelle se réjouit d'un côté de posséder des vases sacrés plus riches, elle s'affligea de l'autre d'avoir vu disparaître, par la fonte de ces divers ex-voto, une partie des joyaux, qui la rehaussaient le plus. Néanmoins, lorsqu'on songe au triste sort qu'eurent quarante ans après presque tous les ex-voto qui restèrent, on déplore moins le singulier expédient auquel eut recours le zélé chapelain. D'ailleurs, le temps ne devait pas tarder à réparer ces pertes et à combler les vides qu'elles laissaient. On montre encore sur la tribune au fond de l'église une vieille armoire à double porte, l'une grillée et l'autre en cœur de chêne. Là, étaient enchassés sur trois rangs les ex-voto précieux que possédait la Chapelle. Les vieillards se souviennent d'avoir vu avant 1793 les trois rangs entièrement garnis.

CHAPITRE VII.

Possessions de la Chapelle de Biran (12).

Non contents de favoriser le pèlerinage de Biran, les archevêques d'Auch voulurent encore inscrire leurs noms parmi les bienfaiteurs de la Chapelle. Mgr de Lamothe-Houdancourt lui légua neuf cents livres. L'abbé Grémiot, un des exécuteurs testamentaires de Mgr de Maupou, lui compta cinq louis d'or neufs et un écu neuf faisant alors la somme de 102 f. 7 sols 6 deniers. Les fidèles imitèrent la libéralité de nos archevêques, et la Chapelle posséda une maison, un jardin, quelques pièces de terre, toutes situées dans la paroisse de Biran ; enfin, diverses rentes placées sur des particuliers (13). La maison se nommait la Chapellenie ; elle s'élevait vers le nord à quelques pas du sanctuaire de la Vierge, et avait été construite sur le pâtus de l'ancien château. Cette construction suivit de près la construction de la Chapelle. On sentit de bonne heure la nécessité d'avoir un gîte spécial où l'on pût héberger les prêtres nombreux qui venaient offrir le Saint-Sacrifice à Biran, et surtout les Pères capucins d'Auch, qui ne manquaient jamais d'y porter leur ministère à toutes les grandes fêtes de l'église et chaque fois qu'il devait y avoir un concours de fidèles (14). Le 22 août 1718, François Delort, chirurgien juré et bourgeois de Biran, agrandit ce gîte en donnant une petite maison attenante ainsi qu'un jardin situé près de là.

CHAPITRE VIII ET DERNIER.

Chapelle de Biran depuis 1793.

L'ère révolutionnaire fut moins funeste à la Chapelle de Biran qu'on eût pu le craindre. Il est vrai que ses maisons, ses jardins et ses pièces de terre furent confisqués et vendus, et que la plupart de ses rentes eurent le même sort, ou bien qu'elles sont demeurées éteintes. Mais du moins la Chapelle fut respectée ; on ne toucha ni à ses sculptures ni à ses statues. L'image de Notre-Dame *del Pilar* continua à trôner paisiblement au haut du maître-autel. La petite statue miraculeuse, les vases sacrés, les ornements les plus précieux furent sauvés par les deux pieuses familles de Cortade et Dansos. On n'eut guère à regretter que le collier d'émeraudes de la Vierge *del Pilar* et la plupart des ex-voto (15), et en particulier ceux que renfermait l'armoire à deux portes et qui disparurent dans la tempête. L'agent municipal qui administrait la commune, Jean Mesplés, bien différent du gouvernement qu'il servait et même du plus grand nombre de ses collègues, protégea, autant qu'il le put, tout ce qui tenait au sanctuaire de Marie. Pour conserver et soustraire aux profanations la statue de la Vierge que l'on voit encore sous le porche, il la fit sceller dans sa niche et la cacha sous une épaisse couche de plâtre. C'est avec bonheur que nous livrons à la reconnaissance de toutes les âmes, qui aiment et vénèrent la dévote Chapelle de Biran, le nom de ce digne administrateur. Honneur ! honneur à lui et bénédiction à sa mémoire !

Dès que les lois de sang qui pesaient sur l'église eurent été retirées, la Chapelle se rouvrit. Prêtres et fidèles revinrent aussitôt s'agenouiller devant l'Image sacrée et prier dans son sanctuaire la bonne et puissante Vierge qui d'un sourire calme les flots et disperse les orages. On y reporta les ornements et les vases sacrés. On recueillit le peu d'ex-voto qui avaient été sauvés du naufrage et on les appendit autour des murailles. On se plaisait à offrir et à faire offrir le Saint-Sacrifice sur l'autel béni. Néanmoins, les offices paroissiaux se firent quelques années à l'église de Saint Martin. Celle-ci, déjà minée par le temps, avait été livrée, pendant la tourmente, à deux ou trois prêtres assermentés, qui n'en prirent aucun soin. Elle réclamait de fortes réparations, lorsqu'un orage vint aggraver son triste état. La foudre tomba sur le clocher, l'abattit en partie, et en jeta les débris sur la toiture de l'église qui fut enfoncée. Il eût fallu une somme assez considérable pour réparer les dégâts. On aima mieux recourir à la Chapelle. On y transporta d'abord le service et on obtint bientôt après qu'elle fût érigée en église paroissiale. Un prêtre alors dans la force de l'âge et mort depuis, objet de la vénération universelle, M. l'abbé

Passerieu, lui avait été donné pour pasteur. Sous son administration, la Chapelle recouvra son premier lustre.

Des temps passés, elle ne redemandait que les processions votives de la Pentecôte. L'impiété n'avait cédé le terrain qu'en grondant. Les préventions et les haines vivaient encore chez plusieurs. Des manifestations religieuses aussi solennelles et des cérémonies du culte faites à travers les voies publiques pouvaient avoir leurs inconvénients. Ainsi du moins le jugea l'Empire à tort ou à raison. La Restauration ne partagea point ces craintes. Dès qu'elle se fut assise, on reprit (1818), ces pieux pèlerinages que les populations n'avaient cessé de regretter. Ce fut d'abord un de ces enthousiasmes qu'on ne décrit pas. Le langage humain n'a pas des paroles pour lui. On ne le connaît que lorsqu'on l'a vu.

Les capucins de Vic n'existaient plus. L'église d'Embats était détruite. Barran, Montesquiou, Ordan et Saint-Jean-de-Bazillac parurent seuls. Mais à Barran la paroisse entière se leva pour marcher avec les pénitents. Les maisons se vidèrent : il ne resta près du foyer désert que les infirmes, les vieillards épuisés par l'âge et les gardiens absolument nécessaires. La procession de Montesquiou encore plus nombreuse comptait, dit-on, dans ses rangs près de trois mille âmes. Les paroisses de Monclar, de Castelnau-d'Anglés, de Pouylebon, de St-Arailles, de l'Isle-de-Noé, chacune sous sa croix, s'étaient jointes à elle. Tous priaient ou chantaient. Au lendemain presque de ce dix-huitième siècle, dont les dernières années avaient été en France si hostiles à la religion, on eût pu croire voir revivre le pieux moyen-âge et avoir sous les yeux une de ses belles et grandes solennités.

Les processions des années qui suivirent, furent, il est vrai, moins brillantes et moins nombreuses, mais non pas moins édifiantes. La foule, en s'éloignant, n'avait laissé sous les bannières que des fidèles qui obéissaient à des sentiments d'une sincère dévotion. D'un autre côté, d'autres processions remplacèrent celles qui faisaient défaut. La paroisse de Saint-Jean-Poutge, que les capucins traversaient pour arriver à Biran, reprirent le pèlerinage en leur nom. Antras, entraîné par son curé, prit l'autre place laissée vacante. Le Brouilh se mêla à Barran. Toutes ces populations choisirent pour visiter la dévote Chapelle le jour consacré par un ancien usage. Le lendemain de la Pentecôte est ainsi resté, et, nous l'espérons, il restera durant de nombreuses générations un jour de triomphe pour Marie, de joie et de bonheur pour les âmes pieuses et de bénédictions pour la contrée entière.

FIN DE LA NOTICE.

NOTES.

(1) Le village de Biran, situé à 9 kilomètres de Jegun et à 17 d'Auch, fut d'abord le chef-lieu d'une baronnie, qui comprenait les terres de Biran, de Montbert et du Brouilh, et qu'une héritière apporta en dot à Arnaud Guilhem IV, comte de Pardiac. Enlevée à ses nouveaux possesseurs par les comtes d'Armagnac, elle passa ensuite à la maison de Roquelaure pour laquelle elle fut érigée en marquisat. Ce marquisat, plus tard, fit partie du duché de Roquelaure. A la mort du dernier maréchal de ce nom, décédé sans enfant mâle, Mirabeau, le père du fameux tribun l'acheta ; mais il le revendit assez tôt après (14 décembre 1762), à M. François de Pins, seigneur d'Aulagnère, dont la postérité n'en a joui que jusqu'à la grande révolution. Il fut alors confisqué comme bien d'émigré.

(2) Les traditions populaires racontent que Saint Jacques, ayant visité Oviédo, Padron, et d'autres lieux, s'était arrêté plus longuement à Sarragosse, où il avait fait plusieurs disciples. Il les réunissait tous les soirs en un lieu agreste sur les bords de l'Èbre ; là il les instruisait et les entretenait du royaume de Dieu. Un soir, aux approches de minuit, les fidèles qui entouraient le saint apôtre entendirent les chœurs des anges chantant sur un rhythme divin : *Ave Maria, gratia plena*, et virent aussitôt au milieu des esprits célestes, éclatants de splendeur, la figure d'une dame radieuse de beauté, posée sur un pilier de marbre. Saint Jacques reconnut la mère de son Sauveur, qu'il avait laissée à Jérusalem, et se prosterna. Elle lui demanda de construire une église à la place où elle apparaissait, et laissa le pilier de marbre comme témoignage du prodige qui venait d'avoir lieu. L'apôtre obéit. Une chapelle s'éleva ; une image de la Vierge fut installée sur le pilier merveilleux, et c'est cette image

révérée qui attire toujours les pieux pèlerins. Sur les verrières de nos églises, l'apôtre est représenté sous les traits d'un vieillard portant le bâton et la pannetière du pèlerin ; il est enveloppé dans un manteau d'azur ; sa barbe, blanche, descend à flots sur sa poitrine : l'expression de sa figure est calme et radieuse ; ses pieds, messagers de la bonne nouvelle, sont chaussés des légères sandales de l'Orient. Il vient d'aborder sur la terre antique de l'Ibérie, dernier asile d'où l'ambition romaine avait chassé la liberté. Un doux sommeil envoyé par les anges s'est emparé de ses sens, et en même temps une vision céleste vient encourager sa foi. Il lui semblait voir se dresser devant lui une colonne de marbre qui portait à son faîte un chapiteau couvert de roses et de feuillage. Les fleurs, écartées de sa corbeille, forment, comme un trône, sur lequel apparaît la Vierge tenant dans ses bras son divin Fils. Elle indique à l'apôtre la place où il doit élever la première église chrétienne sur le sol privilégié de l'Espagne.

(L'abbé Darras, légende de Notre-Dame. p. 237 et 238).

(3) L'an 1663 et le 23ᵉ juillet le sʳ Savoyée curé de Biran nous aurait représenté par requête signée des consuls et principaux de Biran... que dans le lieu de Biran y avait une petite Chapelle située sur le haut du village dépendante de St-Martin de Biran et que par l'augmentation des fidelles il aurait par notre aprobation entrepris de construire une plus grande Chapelle votive, dédiée à Notre Dame la très glorieuse Vierge Marie, en notre diocèse d'Auch ce que nous lui avons accordé et accordons et nous a représenté ce jourd'huy susdit que le sʳ Bernard Cornac natif de Biran et apresent habitant de Sarregausse en Espagne accompagné de dame Philipe Lapein sa femme qui poussés d'une telle devotion envers la Ste-Vierge aurait aporté dans le lieu de Biran limage de Notre Dame faite à l'assemblance de Notre Dame Dupilier en la ville de Saregausse en Espa-

gne, savoir la dite image construite de bois doré tenant
le petit Jésus entre ses mains et un pigeon doré repre-
sentant le St-Esprit et la Vierge sur un pilier marbré
portant en son col une enseigne d'émeraudes pendan de
son col, le sr Savoyée curé se serait presenté par devant
nous par requete signée des consuls et principaux du lieu
de Biran pour recevoir nos ordres. A ces Causes Nous
Henry de Lamothe-Houdancourt par la grâce de Dieu
archevêque d'Auch, primat de la Novempopulanie et du
royaume de Navarre, conseiller du roy en ses conseils et
commandeur des ordres de Sa Majesté à tous ceux qui
ces présentes verront, salut et bénédiction en notre Seigneur savoir : ordonnons au sr Savoyée, curé de St-Martin de Biran, dans ne diocèse d'Auch, de dire la messe
haute dans son église paroissiale St-Martin de Biran jour
de dimanche 24 du courant où les consuls assisteront en
livrée et tout son peuple et après la messe prendra en
procession l'image de Ne Dame devant le maître autel de
St-Martin de Biran et commencera la procession par le
Veni Creator et entrant dans la chapelle située sur le
haut du village dépendante de St-Martin de Biran chan-
tera *in requiem tuam tu et arca sanctificationis tuæ;*
étant arrivé au pied de l'autel de la dite Chapelle chan-
tera *Ave maris stella Dei,* le verset *ora pro nobis,* l'oraison *Concede,* par après l'oraison du pape et du roy, pla-
cera l'image de la très glorieuse Vierge Marie mère de
notre Rédempteur sur le plus haut de l'autel. Ordonnons
au sr Savoyée curé de Biran de recevoir tous les fidelles
qui viendront dans la dite Chapelle pour y faire leur dévotion si pieusement et si charitablement qu'il lui sera
possible et comme curé et premier chapelain nai demeurera
chargé en chef et à l'avenir de toute l'administration et
clefs et dépendances de la dite Chapelle : y fera les offices
comme bon lui semblera et généralement de tous les dons
qui se fairont seront employés par le sr curé à la déco-
ration et entretien de la dite Chapelle sans que le sr curé
soit tenu d'en rendre aucun compte que devers nous. C'est

pourquoi avons ordonné au s^r Savoyée curé de Biran de porter le présent livre le plus ancien de son église paroissialle pour le présent titre y être inséré. *Scribantur hæc in generatione et populus qui creabitur laudabit Dominum.* Ordonnons que les principaux signeront le present à la diligence du s^r curé. Fait de notre ordre le jour et an susdits dans notre château archiépiscopal de Mazeres. Signés Henry arch. d'Auch, Savoyée curé de Biran, Druilhet, Druilhet consul, Lamothe, Ste-Christie, Druilhet, Cousso, Lavenere, Mesples, Mothe, Pouybret, Lagardere.

(4) C'est une supplique, dans laquelle les habitants de Biran représentent à Mgr de Lamothe-Houdancourt que leurs ayeux demandèrent à Mgr Léonard de Trappes qu'on *put faire les offices divins* dans la Chapelle, ce que le vénérable Léonard octroya à condition que les consuls s'engageraient à perpétuité à mettre la Chapelle en état et à la tenir couverte. Mgr de Lamothe répond à la supplique, de Mazères, le 15 mai 1673.

(5) Par le premier règlement de Mgr de Lamothe-Houdancourt, l'administration de la Chapelle était confiée exclusivement au curé de Biran. Quelques archevêques et notamment Nos Seigneurs de Suze, de Maupou et de Polignac ou leurs vicaires-généraux en ordonnèrent autrement. Aussi nous trouvons au nombre des chapelains Joseph Mesplés en 1714, Léonard de Luc en 1716, Gaspart de Ste-Christie en . . . ., Jean Vidaillan en 1732; mais devenu presqu'aussitôt curé de Viella, celui-ci laissa son titre à Jean Boubée, devenu plus tard archiprêtre de Lussan. Les curés de Biran protestèrent chaque fois contre ces dispositions et finirent enfin par triompher entièrement. Ni M. Bousquet, ni M. de Marignan, les deux derniers curés de Biran, ne furent troublés dans ce qu'ils regardaient comme leurs droits. Il fut seulement réglé par l'autorité ecclésiastique, que soit eux, soit leurs vicaires, diraient toujours le dimanche leur messe à l'église

aroissiale. Les curés ne pouvant ainsi desservir la Chapelle, ni par eux-mêmes, ni par leur vicaire, y entrete-
naient un prêtre auquel ils fesaient 150 livres de traite-
ment annuel.

(6) La toiture des nouveaux travaux coûta 90 livres,
un sac de blé et une barrique de vin. Le sac de blé se
vendit ces années de 3 à 4 livres et la barrique de vin
10 livres.

(7) Cette petite statue est très grâcieuse. La Vierge
porte l'Enfant Jésus. Celui-ci a la tête ceinte du nimbe
crucifère. Dans sa main gauche il soutient le globe et de
sa droite il bénit à la façon du moyen-âge.

(8) Cette ordonnance permettait de quêter pour la
Chapelle de Biran dans les archiprêtrés d'Auch, de
l'Isle-de-Noé, de Mirande, de Bassoues, de Vic-Fezensac,
de Gondrin, de Valence, de Lavardens, de Sauviac et
vraisemblablement de Panassac. Le 3 juillet 1672, Bertrand Mesplès, *sargeur*, natif de Biran et alors habitant
de St-Lary, et Dominique Louit, *trafiqueur* de Jegun,
affermèrent la quête de l'année, *moyennant 400 livres*.

(9) La confrérie ou association des pénitents remonte
au seizième siècle. Elle se divisa presqu'à sa naissance en
plusieurs compagnies qu'on distingua par la couleur de
leur sac et surtout de leur cordon. Ainsi il y eut des pénitents blancs, noirs, gris et bleus. Ceux-ci étaient les
plus anciens. Le cardinal Georges d'Armagnac les insti-
tua à Toulouse, le 29 septembre 1575, et les plaça sous le
patronage de St-Jérôme, de St-Louis et de Ste-Madelaine.
Les cardinaux de Joyeuse et de Bonzi, Pierre de Villars,
archidiacre d'Auch et depuis évêque d'Agen, les comtes
du Bouchage et de Joyeuse, les sommités du parlement
et du barreau et une partie des notabilités de la ville s'em-
pressèrent de s'enrôler dans la nouvelle association, qui,

de la capitale du Languedoc, se répandit bientôt dans tout le Midi. Du reste, la compagnie des pénitents bleus garda toujours quelque chose du premier élément dont elle avait été composée ; elle se recruta surtout parmi la noblesse et la bourgeoisie. Les autres compagnies se composaient plus particulièrement d'artisans et d'ouvriers. Avant la révolution, Auch avait à la fois des pénitents noirs, des pénitents blancs et des pénitents bleus. Il y avait encore des pénitents blancs à Bassoues, à Eauze, à Marciac, à Masseube, à Mirande, à Vic-Fezensac et à Nogaro, et des pénitents bleus à Barran, à Aubiet, à Fleurance, à Saramon, à Condom, à Gimont, à Lombez, à Cologne et à Montaut. Henri III se fit recevoir pénitent blanc à Avignon, et Louis XVIII, alors comte de Provence, pénitent bleu, à Toulouse.

(10) Cet emprunt fut négocié par Jean du Barry, lieutenant de Montesquiou et Jean Barris, procureur fiscal. Il paraît avoir été contracté au denier dix-huit, c'est-à-dire à sept et demi pour cent. L'argent fut prêté par M. de Labaune, seigneur de Bascous ; mais l'argent qu'il avança ne *couvrait pas le quart des nécessités.*

(11) Le digne prêtre, que la paroisse de Biran a aujourd'hui à sa tête a écrit à Rome pour demander que Notre-Saint-Père le Pape Pie IX daigne renouveler les indulgences octroyées à la Chapelle par les Souverains-Pontifes ou bien en accorder de nouvelles.

(12) On trouve encore dans les archives de la Chapelle plusieurs inventaires. Deux surtout nous ont paru mériter d'être mentionnés dans cette Notice. L'un est du 17 mars 1700. La Chapelle possédait alors deux calices d'argent, 13 chasubles, 10 voiles de différentes couleurs, 3 bourses dont l'une brodée en points d'argent, 5 corporaux, 23 purificatoires, 15 devants d'autel, la plupart garnis avec des galons d'or ou d'argent, 4 aubes avec leurs amicts et leurs cordons, 22 nappes, une croix

le cuivre argenté servant pour le grand autel, un ciboire
d'argent, une fourchette d'argent à 3 pointes pour faire
toucher les chapelets à l'image de Notre-Dame, 2 missels,
19 anneaux d'argent, 11 croix d'argent ou d'autre métal,
un doigt, 10 cœurs, 5 yeux, 3 médailles, 2 grosses dents
et une petite croix, le tout d'argent, une rosette garnie de
pierres vertes, 3 petits monceaux de dentelle d'or et d'argent, un petit monceau de dentelle d'or, 3 petits anneaux
d'or et un autre dont il n'y a que la moitié avec une petite
croix garnie d'or, 2 nappes de communion, un morceau
de guipures. Le procès-verbal relate encore 7 monceaux
de draps de lit neufs, 2 à 3 douzaines de serviettes neu-
ves, 4 quintaux de lin, 16 sacs de blé et 3 sacs de *meyture*.
Il avait été dit l'année précédente pour 150 livres de
messes.

L'autre inventaire n'a point de date, mais à l'écriture
on le reconnaît comme appartenant à la fin du dernier
siècle. Nous en extrairons les articles suivants : 2 calices,
un ciboire et un soleil, le tout d'argent, 15 chasubles de
soie, une de laine et une dernière de persienne en or,
ornée d'un galon d'or avec l'étole, le manipule, la bourse
et 2 voiles du même, 23 devants d'autel, y compris le
doré en sculpture devant l'autel de la Vierge, 2 cœurs
d'argent gardés dans une armoire de la sacristie, une
fourchette d'argent, deux robes avec dentelles pour l'i-
mage de la Vierge, 5 robes de soie dont une est avec un
point d'argent, trois petites robes de toile brodée et une
d'étoffe de soie et une de taffetas rose ; *un grand registre
des merveilles de la Chapelle*, un vieux cahier, un reliquaire d'argent en orfévrerie avec l'authentique, une
bulle des indulgences, 5 lampes dont une d'argent, deux
argentées et deux de laiton, 12 contrats de constitution
de rente conçus au profit de la Chapelle, etc., etc.

(13) Voici les rentes dont la Chapelle jouissait en 1751.
Nous tairons les noms des particuliers sur lesquels elles
étaient assises par des actes notariés : 5 f. 2 s. 4 d., plus

17 f. 15 s., plus 12 f. 5 s., plus 3 f., plus 6 f. 10 s., plus 15 f., plus 7 f. 10 s., plus 9 f., plus 6 f., plus 5 f., plus 3 f., plus 5 f. 10 s., plus 100 f. Total, 195 livres 12 s. 4 deniers.

(14) Le célèbre Père Ambroise de Lombez, l'auteur des deux traités si connus des personnes pieuses, l'un intitulé : *de la Paix de l'Ame*, et l'autre *de la Joie de l'Ame*, avait une dévotion particulière à Notre-Dame de Biran. Il alla plusieurs fois en pèlerinage à la Chapelle. Voir sa vie.

(15) Il n'est resté des ex-voto d'avant la révolution que 4 jambes en bois doré, 2 avant-bras, 8 cœurs, 4 brodés en or et 4 en cire, une tête et 4 cierges. Depuis la restauration du culte, on a offert à la dévote Chapelle 4 cœurs en vermeil, deux tableaux brodés en or, un chapelet en os et un grand cierge. Le collier d'émeraudes de Notre-Dame *del Pilar* ayant disparu durant la grande tourmente, une pieuse marguillière l'a remplacé par une couronne d'or, artistement travaillée. Le collier, qui ornait le cou de la petite statue miraculeuse, fut conservé. Il est aujourd'hui suspendu par une petite chaîne d'or, don d'une noble châtelaine du voisinage.

Un Directeur du grand Séminaire d'Auch, notre ancien maître, M. l'abbé Larrieu, le même à qui nous devons les pieuses et charmantes productions intitulées : la Lyre sainte de la jeunesse chrétienne, a bien voulu, à notre prière, composer deux Cantiques à Notre-Dame-de-Biran. Ces Cantiques sont imprimés et se vendent cinq centimes, toujours au profit de la Chapelle.

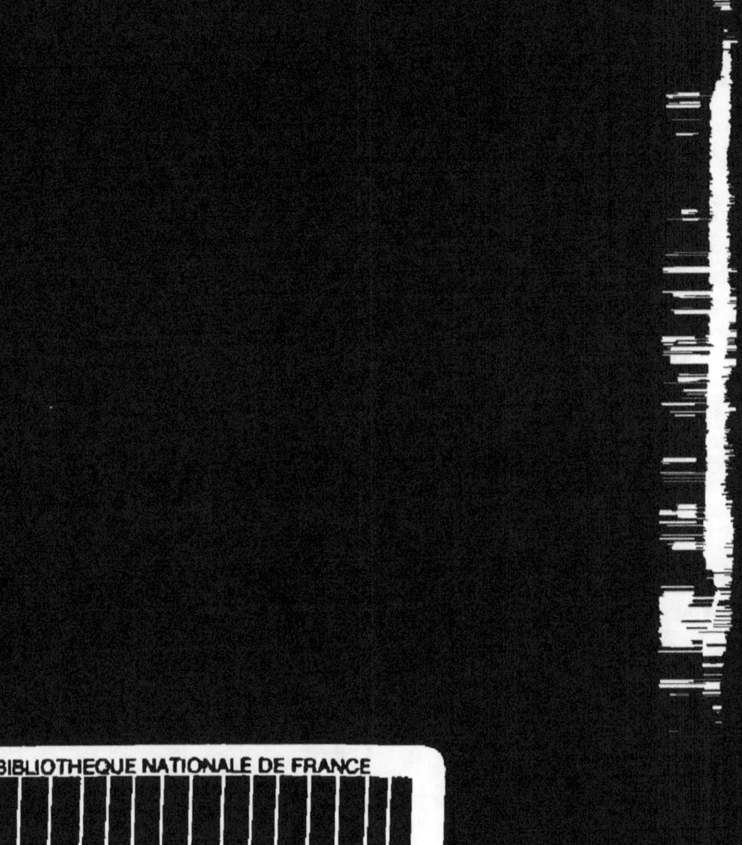

www.ingramcontent.com/pod-product-compliance
Lightning Source LLC
Chambersburg PA
CBHW051738050726
47598CB00003B/1247